AF263798

ÉTUDE

SUR

L'HISTOIRE DE NAPOLÉON

DE

M. LE BARON MARTIN

PAR

JULES SAUZAY.

GRAY.

Imprimerie et lithographie de A. Roux.

1854.

ÉTUDE

SUR

L'HISTOIRE DE NAPOLÉON

DE

M. LE BARON MARTIN

(DE GRAY).

Si c'est un devoir et en même temps une
satisfaction pour la presse locale, d'appeler
l'attention du public sur les écrits par les-
quels un trop petit nombre de concitoyens
honorent notre ville, ce devoir devient plus

impérieux et cette satisfaction plus complète, lorsqu'il s'agit d'un livre aussi attachant par le fonds et aussi distingué par la forme, que celui dont M. le baron Martin vient d'enrichir notre histoire contemporaine. Ce livre est vraiment d'ailleurs un produit de notre sol ; il a été conçu et élaboré au milieu de nous, à l'ombre de cette studieuse retraite que notre population entoure depuis bien longtemps de tous les respects dus à l'élévation de l'esprit, à la dignité du caractère, aux longues épreuves et aux services rendus. Il est le fruit d'un travail dont les plus grands obstacles n'ont pu arrêter la persévérance, et qui étonnerait étrangement ces jalousies de bas étage qui ne séparent pas de l'opulence l'idée d'oisiveté.

Un savant distingué, digne représentant de l'érudition Franc-comtoise à l'Institut, a porté sur le livre de M. Martin un jugement dont la compétence ne peut-être contestée par personne, et à l'abri duquel je serai heureux de placer quelques observations plus détaillées. « Cette nouvelle histoire de Napoléon, » dit M. Ch. Weiss, n'est point un ouvrage » de circonstance ni de parti. Commencée il y » a plus de vingt ans, l'auteur l'a poursuivie » sans relâche, ne s'inquiétant que de lui » donner, dans la mesure de ses moyens, la

» perfection dont toute œuvre d'art est sus-
» ceptible. Son but a été de faire apprécier
» les qualités comme les défauts, les vices
» comme les vertus de l'homme étonnant que
» la providence semble avoir suscité pour re-
» constituer la société sur ses véritables bases.
» Se sentant le courage nécessaire pour dire
» la vérité, il n'a rien négligé pour la con-
» naître. » L'auteur ne nous appartînt-il par
aucun lien, et le sujet ne fût-il pas d'un intérêt aussi vif et aussi universel, ces lignes suf-
firaient pour inspirer le désir de lire un ouvrage composé avec une maturité qui n'est
plus de notre temps et une bonne foi qui a
toujours été rare; car on n'est guère disposé
à accorder de l'attention qu'aux écrivains qui
en ont apporté eux-mêmes dans leur travail,
et on n'aime pas à former son opinion sur
une diatribe ou un plaidoyer.

Aucune époque, du reste, ne semble plus
propice que la nôtre pour juger le grand homme
qui a dirigé les destinées de la France au commencement de ce siècle. Après les jours d'ido-
lâtrie vinrent pour lui les jours d'abandon; il
ne fut trahi par la fortune qu'après avoir éprou-
vé des trahisons plus douloureuses, et il arriva
un jour où la patrie elle-même, lassée de bat-
tailles, sembla ne plus savoir si elle devait le

regarder comme le soutien de sa gloire ou l'obstacle de son bonheur. La réaction en faveur de la vieille dynastie a eu son cours : née au milieu de la guerre, elle est tombée au milieu de la paix. Nous avons passé ensuite par deux ou trois révolutions qui semblent avoir reculé de plusieurs siècles une époque dont quarante ans nous séparent à peine et dont la plupart d'entre nous ont été les témoins. Ainsi le temps n'a encore dispersé ni détruit aucun des matériaux de cette grande épopée, et cependant le flux des émotions contraires s'est complètement apaisé; de sorte qu'à l'abondance des notions contemporaines nous pouvons joindre déjà le calme impartial de la postérité.

Le jugement porté par la genération actuelle sur le héros de notre livre paraît en somme ne pas lui être défavorable, puisqu'après divers essais, elle vient de confier pour la seconde fois à son nom et à sa famille l'avenir de nos destinées. C'est qu'il y a des hommes qui apportent avec eux assez de gloires pour effacer celles de plusieurs siècles et dont la majesté repose, non sur des tombeaux, mais sur l'immortalité même. Quelques principes qu'on ait reçus au foyer domestique dans son enfance, sous quelque drapeau politique qu'on se soit enrolé dans sa jeunesse, on ne peut suivre sans admiration une vie où tant de grandeur s'allie à tant de souffrance. L'un peut pencher davantage vers l'ordre et l'autre vers la liberté, mais nul ne peut rester indifférent ou étranger à cette grande figure qui domine tout dans notre siècle, et dont l'ombre couvre une plus vaste étendue à mesure qu'elle s'éloigne de nous. Le goût des récits de l'Empire semble par sa longue durée donner un démenti à notre inconstance proverbiale. On composerait, comme l'a fait M. MARTIN, une bibliothèque considérable des seuls ouvrages de tout format, de tout idiome et de toute couleur, relatifs à la généalogie, à l'enfance, à la vie publique, à la vie privée, aux sentiments, aux écrits, à la famille, à l'entourage et jusqu'au mobilier de Napoléon. Le public ne parait guère avoir sollicité l'indiscrétion des chambellans de Charles X ou des *employés* de Louis-Philippe au sujet de la cour de leurs maîtres, tandis que les secrétaires et les pages impériaux ne peuvent le rassasier des souvenirs intimes et trop peu variés dont ils exploitent depuis plus de trente ans l'inépuisable mine.

M. MARTIN, membre du corps législatif sous l'Empire, aurait pu trouver aussi dans ses souvenirs personnels plus d'une confidence à faire au public sur les hommes et sur les choses de cette époque; mais il n'a pas cru devoir sacrifier au triomphe de ce genre anecdotique ni disputer une part quelconque de succès à nos entrepreneurs d'*Ana*. Ses études approfondies des historiens de l'antiquité, son admiration bien sentie pour leur manière et une gravité de caractère à laquelle l'âge et les épreuves n'ont rien eu à ajouter, ont imprimé à son travail un cachet de dignité et de discrétion qui manque trop souvent aujourd'hui aux sujets les plus nobles et les plus sérieux. Le style de M. MARTIN a, suivant la belle expression de M. WEISS, cette éloquente sobriété dont les anciens offrent presque seuls des modèles. Son ton est toujours élevé, et son vocabulaire, à part quelques hardiesses heureuses, est celui que les chef-d'œuvres de deux siècles ont consacré. On s'aperçoit aisément en lisant l'histoire de Napoléon que son auteur fait des livres sa société habituelle; société aimable qui ne manque à aucun genre d'infortune, société brillante où l'humanité se montre aussi belle et aussi bonne qu'elle peut le paraître, et qui communique une distinction sensible à tous les esprits qui s'y livrent de préférence. Le style large et soutenu de M. MARTIN laisse aussi entrevoir, un peu trop peut-être, l'orateur dont les élo-

quentes périodes ont charmé pendant plusieurs
années la tribune parlementaire de la Restauration et l'on pourrait appeler son livre un
discours historique si l'abondance des détails et le fini des tableaux ne justifiaient suf-
fisamment le titre qu'il lui a donné.

Quant à l'esprit qui anime tout l'ouvrage
et à la pensée qui domine constamment l'é-
crivain sans néanmoins faire trop de brèches à
ses intentions impartiales, ce n'est ni l'amour
ni la haine de Napoléon, c'est le culte de la
liberté. Lorsqu'avec la modération inaltérable
de son jugement et de son langage il distribue
l'éloge ou le blâme, c'est toujours à la liberté
qu'il demande ses inspirations et la sanction
de ses arrêts. Sorti des écoles en 1789, il a
conservé fidèlement à travers les vicissitudes
de la patrie et de sa propre existence, ses premières impressions politiques, une haine pro-
fonde pour le despotisme et la plus grande
confiance dans les institutions représentatives.
De pareilles dispositions, il faut l'avouer, sont
peu favorables à notre héros, qui parut regretter
lui-même, dans les derniers temps de son règne
ou de sa vie, d'avoir fait une trop large part à
l'autorité, et qui professa pour les assemblées
délibérantes une aversion et un mépris bien
actuelles, après les scandales de la tribune

pendant toute la révolution française. Du reste, à part cet enthousiasme pour une sage liberté qu'on retrouvera toujours dans les historiens vraiment dignes de leur mission et ce regret de la tribune qui suit encore aujourd'hui dans leur retraite tous les hommes éminents dont elle a fait la renommée, on ne rencontre pas dans les trois volumes de M. MARTIN, une seule page, une seule ligne qui trahisse un homme de parti et fasse même soupçonner à qui appartiennent ses sympathies politiques.

L'existence de Napoléon se partage en trois phases bien distinctes, son élévation, son règne et sa chute. On peut juger la seconde avec plus ou moins de sévérité, mais il n'est pas possible de refuser à la première son admiration, à la dernière son tribut de larmes et de pitié. Dans chacune de ces phases, si dissemblables malgré leur commune grandeur, nous suivrons pas à pas notre historien, recueillant quelques-uns des traits brillants, des réflexions sages et des détails curieux qu'il a semés dans son livre et hasardant quelques observations personnelles lorsque les faits ou leur appréciation paraîtront y donner lieu.

Le sol natal et l'éducation de la famille ont sans doute moins de prise sur les natures d'élite que sur le commun des hommes, mais cette influence subsiste toujours et on la retrouve de la manière la plus inattendue dans les pages les plus mémorables de leur histoire. Thibaudeau, narrateur peu suspect, raconte qu'en 1812, après les désastres de Russie, l'Empereur qui retenait en captivité le chef et les principaux ministres de l'Église catholique et allait fermer les séminaires belges, ayant réuni ses conseillers d'État, la plupart incrédules et révolutionnaires émérites, ouvrit le conseil par un grand signe de croix. — Quelques mois auparavant, comme le cardinal Fesch osait lui faire au nom de sa famille quelques observations sur sa déplorable rupture avec l'empereur Alexandre, pour toute réponse, Napoléon ouvrit une croisée et lui dit en étendant le bras : Voyez-vous là haut cette étoile? — Non, sire — eh bien, moi je la vois. — Voilà bien l'enfant de la Corse jusque sous la couronne de France, l'enfant de ce pays, tout à la fois religieux et superstitieux, dont M. MARTIN a tracé l'esquisse en quelques vigoureux coups de pinceau. Cette petite île un jour étonnera l'Europe, avait dit J.-J. Rousseau, et le 15 août 1769, la naissance de Napoléon réalisa la bizarre prédiction de l'écrivain génevois.

Deux influences bienfaisantes se partagèrent l'enfance de Napoléon, sa mère et son oncle paternel, l'archidiacre Lucien. Je dois tout à ma mère, disait-il lui-même; il ne l'oublia jamais et ce fut peut-être la seule autorité sous laquelle il se plia volontiers. Elle le forma, suivant la judicieuse observation de M. MARTIN, à cet esprit d'ordre et d'économie qu'il porta dans l'exercice du pouvoir et qui le servit si bien dans ses vastes entreprises. Il est certain que le secret de faire de si grandes choses à si peu de frais paraît s'être perdu avec lui.

Qui ne connaît les détails charmants du séjour du jeune Bonaparte à l'école de Brienne, son ardeur pour les mathématiques et son peu de goût pour la littérature; les jeux guerriers auxquels il entraînait toujours ses camarades, et où il prenait si naturellement le commandement; ses lectures passionnées des *Grands Hommes* de Plutarque, des Commentaires de César et des poésies héroïques d'Ossian alors dans tout l'éclat de leur résurrection. A travers une écorce un peu rude, cet enfant de génie fut à moitié deviné par ses maîtres, mais on augura qu'il ferait un excellent marin, justement la seule gloire qui lui ait été refusée. En 1785, Napoléon sortit de l'école militaire de Paris, lieutenant d'artillerie. Sur trente-six promotions, son examen lui avait donné le douzième rang, ce qui pourra servir à jamais de consolation aux nombreuses victimes des examens.

Les traits piquants et peu connus que M. MARTIN a laborieusement recueillis, sur les années obscures de Napoléon, donnent à la première partie de son livre un attrait qui manque généralement à l'œuvre de ses devanciers.

Le long séjour de Napoléon à Auxonne, si près de notre ville, a un intérêt tout particulier pour nous. « Il s'y fit remarquer, dit M. MARTIN,
» par une vie studieuse et frugale. Tels étaient
» sa sobriété et son désir d'assurer son indé-
» pendance en diminuant ses besoins qu'il es-
» saya de vivre uniquement de pain et de lait.
» Sérieux, sévère, peu communicatif, il ne pa-
» raissait jamais dans les réunions de ses ca-
» marades ni dans leurs parties de plaisir et il
» consacrait ses loisirs à l'éducation de son
» jeune frère Louis, futur roi de Hollande (et
» père de Napoléon III). Dans ses longues pro-
» menades, occupé de la solution de quelque
» problème, on le voyait souvent tracer sur le
» sable des figures de géométrie avec le four-
» reau de son épée. » Il lisait beaucoup et il écrivait beaucoup aussi. Il était Corse, il était jeune, il était philosophe comme tout le monde l'était alors un peu, il était pauvre, il était mé-

content, ai-je besoin d'ajouter qu'il était répu-
blicain. Son premier ouvrage fut un traité
contre la monarchie. Ce fut également à Auxonne qu'il composa ses écrits sur l'histoire de la
Corse, ses moyens de défense et l'organisation
de ses milices, et un pamphlet virulent imprimé
à Dôle en 1790, contre Butta-Fuoco, député de
son pays à l'assemblée nationale.

M. MARTIN nous montre ensuite son héros
guerroyant en Sardaigne, en Corse, en Provence
et enfin à Toulon où il conquiert à vingt-cinq
ans les épaulettes de général. Mais la fortune
l'abandonne presque aussitôt; il est proscrit,
et s'il sauve sa vie, c'est pour tomber dans une
telle indigence qu'il est forcé de vendre jusqu'à
ses livres. En 1794, la fortune lui sourit de
nouveau et nous le trouvons général en chef
de l'armée d'Italie. Alors s'ouvre cette belle campagne que tout le monde a dans la mémoire et
où Napoléon se révéla tout entier, grand capitaine et grand homme d'État. Les noms de Mon-
tenotte, de Millésimo, de Lodi, de Castiglione,
d'Arcole et de Rivoli réveillent encore trop de
souvenirs jusqu'au fond de nos campagnes pour
qu'on puisse apprendre à qui que ce soit, ces
titres de notre gloire. Qui n'a été saisi et trans-
porté par l'éloquence si neuve de ces proclama-
tions et de ces ordres du jour qui n'avaient de

modèles dans aucune langue et qui sont restés inimitables. Qui n'a admiré, vainqueur ou vaincu des révolutions, la modération du jeune conquérant de l'Italie, si opposée, si supérieure à la politique qui avait prévalu jusqu'à ce jour. M. MARTIN a décrit avec un soin particulier et une supériorité reconnue par des juges plus compétents que moi toutes les opérations militaires de Napoléon. Aujourd'hui le public est devenu grand stratégiste et il faut bien lui dérouler les plans de campagne qu'il aime tant à discuter et même à refaire. Je crois qu'en réalité bon nombre de lecteurs éprouvent plus de peine que de plaisir à suivre toutes ces évolutions de troupes, à courir après chaque brigade, à noter les moindres accidents de terrain. Mais si l'attention se trouve un peu fatiguée par l'inévitable description de cinquante batailles, on doit savoir gré à l'auteur d'avoir répandu beaucoup de clarté sur un sujet aussi ardu et ne se plaindre que d'un héros surnommé à juste titre *le Génie de la guerre.*

M. MARTIN a dessiné avec autant de tact et apprécié avec un esprit vraiment libéral la conduite politique de Napoléon en Italie. Je me permettrai toutefois de regretter quelques expressions hostiles, et plutôt du goût de ce temps-là que du nôtre, dont l'auteur s'est servi à l'é—

gard de la cour de Rome, du clergé et de l'esprit religieux des populations italiennes. Si les habitants de Faenza et de Pavie se révoltent contre l'invasion étrangère et la spoliation, devons-nous accuser de *superstition* et de *fanatisme,* un mouvement si naturel et qui ne paraîtrait que légitime et glorieux partout ailleurs. Il est vrai que Bonaparte laissait au pays ravagé et dépouillé, la république; mais sans sortir de chez nous, n'avons-nous pas vu un peuple, le moins endoctriné par les moines, repousser un semblable présent, offert non plus par un étranger, un ennemi, un vainqueur, mais par des concitoyens. J'ai été également peiné de quelques allégations peu bienveillantes pour l'infortuné Pie VI que M. MARTIN appelle ailleurs, avec plus de justice, une auguste victime. Pouvons-nous nous plaindre des prétendus *complots,* des *fraudes diplomatiques,* des *agressions multipliées* du gouvernement pontifical, lorsqu'au même moment nous voyons les ambassadeurs français préparer à Venise et à Gênes des mouvements populaires, destinés à renverser les administrations, même républicaines, établies? Assurément ce sont là des complots, des agressions et des fraudes diplomatiques; et n'est-ce pas ainsi que le malheureux Basseville, puisque M. Martin a cru de-

voir rappeler son nom, excita contre lui le peu
ple de Rome et tomba victime d'une sédition
que Pie VI réprima aussitôt qu'il en eut con-
naissance?

L'expédition d'Égypte, pour laquelle M.
MARTIN a su trouver des couleurs si brillantes,
si animées, si vraies, est comme une sorte de
poême antique, dont la pensée et l'exécution
appartiennent tout entières à Napoléon. « L'Europe, disait-il un jour, n'est qu'une taupinière;
il n'y a jamais eu de vastes empires et de grandes
révolutions qu'en Orient. » et il y alla, sans
qu'on sut au juste pourquoi; ses soldats igno-
rant même vers quel rivage les dirigeait la gloire, et ses ennemis s'empressant de donner cette
lointaine pâture à une ambition qui menaçait
de tout dévorer. Ici Napoléon n'est plus l'enfant de la Corse, l'agent du Directoire, il est
conquérant, il est lui-même. Il veut ressusci-
ter Alexandre, et s'il ne se croit pas le fils de
Jupiter Ammon, il se déclare au moins l'héri-
tier de Mahomet prédit par plus de vingt pas-
sages du Coran. Chaque journée ajoute un
chant nouveau, un épisode varié, à cette Illiade
incomparable : victoires des Pyramides et du
Mont Thabor, sédition des soldats perdus au
milieu des sables et désespérés par le mirage,
désastre d'Aboukir si noblement supporté, si

brillamment réparé ; révoltes du Caire et du Delta apaisées, peste de Jaffa, fêtes splendides au bord du Nil, discours d'une poésie tout orientale, rien ne manque dans ce vaste champ de gloire où nos peintres ont récolté plus d'heureuses inspirations que nos versificateurs, et qui nous montre, une fois de plus, notre pays moins disposé à fournir à la poésie épique des poêtes que des héros. Il manque pourtant une conclusion à cette belle légende. Arrêté devant Saint Jean-d'Acre par l'intervention anglaise, Napoléon vit s'évanouir l'empire d'Orient que son imagination avait rêvé, et il lui arriva plusieurs fois, dans tout l'éclat de sa carrière, de dire avec tristesse que Sydney-Smith lui avait fait manquer sa fortune. L'Europe lui offrait alors un dédommagement dont il courut profiter.

Dans un récit vivant et dramatique, M. Martin nous fait assister à la comédie qui termina au milieu des rires une révolution commencée dix ans auparavant au milieu des pleurs. Le Directoire attaqué par tous les partis, mettait le comble à l'anarchie en conspirant contre lui-même. Quand Napoléon reparut, chacun pensa mettre la main sur cette jeune gloire et s'en faire une arme ; mais il trompa les plus habiles, et tandis qu'ils croyaient se servir de lui,

il se servit d'eux pour faire le 18 brumaire à
leurs dépens et à son profit « Messieurs, dit le
« vieil abbé Sieyès désappointé, nous avons un
« maître ; il sait tout, il peut tout, il veut tout. »
La France n'eut qu'à s'en réjouir, car chaque
jour, à dater de celui-là, fut marqué par quelque mesure réparatrice.

Jusqu'ici M. MARTIN a accompagné son héros
d'une admiration à peu près sans réserve,
mais l'expulsion des Cinq-Cents et le peu de
place laissé à l'élément représentatif dans la
constitution consulaire indisposent et indi-
gnent le vétéran de nos assemblées législati-
ves. Napoléon lui semble dérober à la patrie
tout ce qu'il ôte au sénat, au tribunat et au
corps législatif si laborieusement combinés par
l'abbé Sieyès. Il n'en applaudit pas avec moins
d'équité à l'amnistie qui ramena en France une
foule de citoyens dignes de la servir, à la réforme des tribunaux, à la réorganisation des
finances (il ne restait plus que 177 mille francs
dans le trésor public) et aux encouragements
donnés avec autant de tact que de libéralité
aux arts et aux sciences. « En rapprochant,
» dit-il, tous les partis et toutes les classes, le
» Premier Consul prépara la restauration so-
» ciale. La balance, emblème de la véritable
» égalité, est substituée au niveau sur le sceau

» de l'État. Le costume romain, bizarre traves-
» tissement des directeurs et des représentants,
» est remplacé par l'habit national. Les habitu-
» des, les procédés, le vocabulaire de l'ancienne
» société, sont insensiblement rétablis. Bo-
» naparte supprime la fête impie du 21 jan-
» vier et l'absurde serment de haine à la
» royauté.... Peu à peu l'élégance et les plai-
» sirs de l'ancienne cour reparaissent dans
» les appartements des Tuileries. Joséphine y
» réunit les débris de la brillante compagnie
» d'autrefois et captive tous les cœurs par
» l'attrait de sa grâce et de son inépuisable
» bonté. » M. MARTIN reproche toutefois à Napoléon de n'y avoir pas joint un peu plus de
courtoisie envers les dames, et il pense que
leur ressentiment ne fut pas étranger à la dé-
saffection qui prépara sa chute.

Le mode d'administration départementale
que le Consulat nous a légué fait regretter à
M. MARTIN les institutions plus indépendantes
dont l'ancienne monarchie elle-même avait doté
nos provinces. Il invoque à cet égard le té-
moignage de Napoléon qui appelait ses préfets
des empereurs au petit pied, et manifesta à
Sainte-Hélène, un peu tard, l'intention de
mettre un tempérament à leur autorité. On
reait plus tenté de s'associer aux regrets de

M. Martin, si de leur côté les administrations purement locales n'étaient pas trop souvent entachées de cet esprit haineux, rancunier et despotique des coteries, qui décore ses petites vengeances personnelles du voile de l'intérêt public, et contre lequel la présence d'un haut fonctionnaire étranger peut devenir une sauvegarde précieuse. Tant il est vrai que la moindre amélioration dans les esprits et dans les cœurs présente en définitive plus de garanties au bonheur public que la réforme la plus radicale dans les institutions.

Le premier acte de Napoléon, devenu Premier Consul, fut de proposer la paix à l'Angleterre. Repoussé avec un mépris outrageant, il alla au-devant des nouveaux triomphes qu'on lui offrait : le passage du Saint-Bernard et la victoire de Marengo lui permirent bientôt de rendre à la reconstruction intérieure de l'édifice social toute l'activité de son génie. Le Concordat fut son ouvrage. Cette grande mesure, qui est restée un titre incontestable de sa gloire, est jugée avec sévérité par M. Martin, dont l'antipathie pour les concordats en général s'est déjà manifestée dans de brillants discours au commencement de la Restauration. A un contrat entre les deux puissances, qui loin d'entretenir la paix entre elles, ne fait selon lui que multiplier les occasions de conflit, M. MARTIN préfère une séparation absolue et une égale indépendance. Il défend avec chaleur, et par des raisons assez plausibles, cette opinion que d'illustres champions ont soutenue de notre temps, mais sans plus de succès auprès des hommes d'état qu'auprès des ministres de l'É- glise. Ce qui réunira en revanche tous les suf- frages, c'est le jugement si élevé, si éclairé qu'il porte sur la déplorable intervention de la Constituante dans la discipline ecclésiastique. Malgré son respect, je dirais presque filial, pour l'assemblée célèbre où siégeait son père, M. MARTIN a compris, exposé et condamné mieux que personne la contradiction où cette assem- blée est tombée et qui a été peut-être moins funeste à l'Église qu'à la révolution elle-même.

L'esprit libéral qui n'abandonne jamais M. MARTIN, lui fait apprécier avec la même indé- pendance de tout préjugé l'institution Univer- sitaire et plaider la cause de cette liberté d'en- seignement qu'après tant de révolutions di- verses le neveu de Napoléon vient de donner à la France.

Le Consulat a réuni bien des gloires et ré- pandu de nombreux bienfaits ; mais toutes ses pages ne sont pas également honorables. Il en est que l'affection voudrait effacer, et qu'un français ne doit jamais ouvrir qu'à regret. En portant au tribunal de l'opinion publique le procès du duc d'Enghein, M. MARTIN n'a rien omis de ce que Napoléon a pu produire pour sa justification ; il a dépeint son irritation et ses craintes bien légitimes à la suite de deux attentats contre sa propre vie, les circonstances qui ont pu lui montrer dans le prince Bourbon un complice de Pichegru et de Cadoudal ; mais en définitive il n'a pu voir dans la raison d'État que l'excuse banale de toutes les grandes injustices politiques.

Le récit de l'expédition malheureuse de Saint-Domingue a déjà été pour M. Martin l'occasion d'un triomphe littéraire enregistré il y a quelques années par les journaux de notre province. Ce morceau remarquable, lu à l'académie de Besançon, y provoqua des applaudissements qui couvrirent cette conclusion éloquente : « Leclerc réduit à deux milliers de » soldats, seuls débris échappés à la fièvre » jaune, se retira dans l'île de la Tortue où » il mourut dévoré de chagrins. Presque toute » la population blanche périt ; et, de son gi- » gantesque armement, il ne revint à Bona- » parte que le registre mortuaire de l'armée » et le cercueil de son beau-frère. »

C'est avec un sentiment profond de tristesse

et de dégoût, avec la plume de Tacite, que M. Martin dépeint l'empressement des trois grands corps de l'État, Sénat, Tribunat, Corps législatif, à abdiquer en faveur de l'empire. On y voyait encore tant d'hommes qui avaient, quelques années auparavant, non seulement prêté, mais provoqué et exigé sous peine de mort le serment de haine à la royauté, et qui maintenant ne se souciaient plus que de transformer en fiefs héréditaires les dignités lucratives qu'ils avaient conquises au milieu du sang et des ruines. Ce spectacle est triste sans doute, il est peu honorable pour la philosophie; mais aussi il explique comment la nation, après cette dernière épreuve du système représentatif, se jeta, les yeux fermés, entre les mains de Napoléon que ces débris de la Terreur n'avaient jamais arrêté que dans ses actes les plus louables. Quand le peuple souffre et quand il entrevoit la perspective du repos, il fait bon marché de ses libertés ou de sa gloire, et les tribuns comme les héros ne peuvent guère attendre de lui une fidélité plus longue que sa prospérité.

L'Empire s'ouvre par l'imposante cérémonie du sacre, l'inauguration de la Légion d'honneur et cette institution des maréchaux de l'Empire où la légende populaire ne tardera

pas à retrouver les pairs du nouveau Charle-
magne. Napoléon met sur sa tête la couronne
de fer des rois Lombards ; il en distribue d'autres à ses frères et des principautés à tous ses
lieutenants. Les formes imprimées à l'Europe
par plusieurs siècles sont effacées en quelques
jours, et désormais Napoléon ne dictera plus
la paix que dans les capitales des rois vaincus.
Si l'éclatante journée d'Austerlitz n'arrête pas
une nouvelle coalition, elle devra bien céder
aux victoires d'Iéna, d'Auerstad, d'Eylau, d'Os-
trolenka, de Friedland et s'avouer vaincue à
Tilsitt.

L'esprit frappé d'admiration voudrait s'arrêter là, contempler cette puissance gigantes-
que qui n'a dû sa naissance qu'au génie, ses
progrès qu'à la gloire et qui s'est moins élevée
sur des ruines que sur des bienfaits. Mais ar-
rivé à cet apogée de la grandeur impériale,
il faut bientôt descendre, c'est la fatale con-
dition de toutes les choses humaines, et Napoléon comme Louis XIV n'en sera pas exempt.
Tous deux victimes de l'esprit de conquête au-
quel ils ont trop sacrifié, l'un n'échappera à
la vieillesse humiliée et aux funérailles mau-
dites de l'autre que pour trouver sur un rocher
lointain un supplice plus cruel.

En 1807 Napoléon tranquille du côté de

l'Allemagne épuisée, tourna son regard d'aigle vèrs l'Espagne où les honteuses querelles des Bourbons semblaient le solliciter. Quelques jours lui suffirent pour briser un trône vermoulu ; mais il trouva sous ses débris un peuple qu'il n'était pas aussi facile de faire abdiquer et dont la résistance héroïque l'entraîna sur cette pente de revers où des prodiges de génie, de valeur, des victoires même, ne devaient plus l'arrêter. M. MARTIN a exposé avec sa sagacité, sa modération et son élégance de style habituelles toutes les péripéties de ce long drame. « Quand j'ai vu, disait Napoléon » à Sainte-Hélène, le père et le fils animés » l'un contre l'autre, j'ai pensé à en tirer avan- » tage et à les déposséder tous deux. » Il y employa d'abord la ruse, puis la force qui ne lui réussit pas mieux. Mal secondé par ses généraux, il perdit une partie des armées que réclamaient les autres frontières de l'empire ; il y perdit surtout le prestige de son infatigable fortune. Il a condamné lui-même dans son exil cette guerre malheureuse que le Sénat proclamait politique, juste, nécessaire, un an ou deux avant de lui en faire un crime.

Ainsi ce puissant génie à qui les armées coalisées de toute l'Europe n'avaient jamais fourni que des occasions de triomphe, com-

mençait à se trouver aux prises avec des obstacles supérieurs à tous les secrets de l'art militaire. En même temps qu'il luttait avec dé-
savantage contre un peuple abandonné de ses
rois, sans généraux, sans armées, sans autres
ressources que le désespoir, il formait une en-
treprise non moins funeste contre un roi sans
soldats et sans autres forteresse que sa patience.
L'intérêt de l'Église et celui des États Romains
imposaient doublement au pape l'obligation de
rester neutre au milieu des conflits européens.
Cette situation contrariait l'Empereur qui fit
occuper successivement Ancône, les Marches
et Rome; le Quirinal fut envahi à main armée,
et Pie VII sommé de renoncer au patrimoine
de Saint Pierre répondit avec une impassible
fermeté : « Nous ne le devons pas, nous ne
le pouvons pas, nous ne le voulons pas. » Em-
mené prisonnier à Grenoble, puis à Savone,
et enfin à Fontainebleau, il ne rentra dans ses
états qu'au moment où les alliés entraient à
Paris, et après avoir subi, sous le voile des plus
grands égards extérieurs, tout ce que la con-
trainte morale a de plus douloureux.

Enfin Napoléon alla chercher dans les step-
pes glacés de la Russie un troisième adver-
saire qui fit tomber les armes des bras de ses
soldats sans combat, et acheva une défaite qui

ne pouvait venir que de Dieu et de lui-même, car aucun des obscurs généraux qui ont eu l'honneur de se mesurer avec lui n'a pu se flatter sérieusement d'avoir été son vainqueur. La campagne de Russie a fait au cœur de la France une plaie qui saigne encore. Les milliers d'hommes qu'elle a dévorés ont laissé pendant de longues années un grand vide dans le sein des familles ; et ceux qui ont revu leurs foyers sont devenus, dans chacun de nos hameaux, autant d'historiens populaires, dont les membres mutilés n'étaient pas moins éloquents que la parole, et dont les récits lugubres ont passioné les générations suivantes, et préparé les vengeurs réunis aujourd'hui sous les murs de Sébastopol.

M. MARTIN nous montre Napoléon déçu dans les espérances dont l'avait bercé son mariage avec une archiduchesse d'Autriche et reconnaissant lui-même qu'il s'est jeté dans un abîme couvert de fleurs. Ainsi tout tournait contre lui. Après son beau-père, ce sont ces petits princes d'Allemagne dont il a fait des rois, c'est Murat, son beau-frère, qui l'abandonnent et qui fraient la route à ses généraux. On suit avec un intérêt mêlé d'anxiété et d'admiration la défense désespérée de ce grand capitaine qui voit sur chaque champ de bataille une partie de son armée passer à l'ennemi au moment du combat, et qui pourtant fait face à tout, et ne recule devant l'Europe entière que pied à pied, n'ayant plus d'autre soutien que sa garde fidèle et lui-même.

Les scènes touchantes qui accompagnèrent l'abdication de Fontainebleau sont reproduites dans le livre de M. Martin avec la gravité sympathique qui convenait à un drame tout à la fois si poignant et si sublime. Le juge se retire un instant pour faire place à l'homme, et le lecteur est heureux de sentir dans le cœur de l'historien une émotion qu'il lui semblerait impossible de ne pas partager.

Dans quelques pages d'un intérêt tout différent nous trouvons ensuite les courtes et charmantes annales du règne de Napoléon dans l'île d'Elbe. Constitutions politiques, Traités de commerce, travaux publics, conquêtes même, rien n'y manque que l'espace. Napoléon y supplée pendant quelques jours en retournant la surface et même les entrailles de son étroite principauté; mais bientôt il y étouffe; l'inexécution du traité de Fontainebleau, l'impéritie des Bourbons et les chaînes plus dures que la coalition lui prépare, lui font entendre un appel que ses désirs devançaient déjà. Il rentre en France, y retrouve un peuple et nus

armée tout dévoués, cède aux libéraux quelques fleurons de sa couronne et aux alliés ses
anciennes conquêtes. Sacrifices inutiles : sa
perte est jurée, et l'Europe ne posera plus les
armes avant d'avoir enchaîné au fond de l'O-
céan celui qu'elle appelle, dans sa colère, un
ennemi du genre humain. « Dans un espace de
» trois lieues, dit M. MARTIN en achevant la
» peinture de la terrible bataille de Waterloo
» qui entraîna la chute du second Empire, la
» terre est jonchée de quatre-vingts milliers
» de morts ou de mourants, épouvantables
» funérailles du plus grand des conquérants
» et du plus grand des peuples. » Alors re-
commencent les défections des généraux, les
intrigues des hommes d'état et le découra-
gement de la nation. Cette situation terrible
d'un peuple devenu sans opinion publique,
flottant indécis entre son chef et ses représentants, au moment où l'étranger est dans ses
murs, situation qui se présente deux fois en
si peu de temps, a été dépeinte par M. MARTIN
avec une puissance et une énergie qui font
briller plus haut que l'art littéraire de l'écrivain, la pensée de l'homme d'État associé par
la confiance de notre cité, à ces grandes crises
de notre histoire nationale.

La relation du long martyre de Sainte-Hé-

lène est par elle-même si attachante qu'on n'a-
perçoit qu'avec un peu d'attention l'art parfait
avec lequel M. MARTIN a condensé en quelques
pages le récit des compagnons de l'Empereur,
et qu'au lieu de lui en savoir gré, on serait
tenté de lui reprocher d'avoir accordé trop peu
de place à ces six longues années où Napoléon
n'a pas seulement souffert, mais où, déchargé
du soin de l'Europe et replié sur lui-même,
il a livré dans des entretiens philosophiques et
religieux, tous les secrets de sa grande âme.
On regrette aussi de ne pas trouver au nombre
des pièces recueillies par l'auteur le testament
de Napoléon, car le public attache une impor-
tance chaque jour plus grande à ces monuments
originaux où les évènements et les hommes
se peignent fidèlement eux-mêmes et qui sont
pour l'histoire ce que le daguerréotype est pour
la peinture. Cette remarque me fournit du reste
l'occasion de constater que l'abondance des
textes officiels est un mérite de l'ouvrage de
M. MARTIN; qu'ils sont enchâssés avec art dans
son récit, et que les discours, les jugements,
les lettres de Napoléon y occupent la place
d'honneur due à la parole puissante d'un
homme que M. MARTIN appelle le plus éloquent de la révolution avec Mirabeau. Je regrette que les bornes étroites de ce compte-

rendu ne m'aient pas permis d'agir de même à l'égard de notre historien, en faisant briller par des citations plus nombreuses les qualités qui distinguent sa pensée et son style. Mon amour propre d'écrivain aurait eu à souffrir de ce rapprochement, mais les lecteurs y eussent doublement gagné, et m'eussent dès-lors accordé plus volontiers l'indulgence dont j'ai besoin. Ils se dédommageront sans doute en lisant le livre de M. MARTIN tout entier. Loin d'y trouver de l'ennui, ils éprouveront plutôt à sa lecture une sorte d'éblouissement analogue à celui du voyageur qui fait en quelques heures un immense trajet sur un chemin de fer. Les évènements se pressent avec une telle rapidité dans la vie de Napoléon, elle présente à chaque instant des tableaux si variés, si brillants, que l'attention est toujours tenue en haleine, qu'elle s'impatiente même d'être trop tôt arrachée aux objets qui la captivent, et qu'on arrive à la fin du troisième volume de M. MARTIN avec un seul regret, c'est que l'ouvrage ne soit pas plus long. Heureuse impression qu'on éprouve rarement aujourd'hui, même après la lecture d'un simple compte-rendu comme celui-ci, et qui ne fait pas moins d'honneur à l'historien qu'à son héros. Le livre de M. MARTIN restera, parce qu'il est écrit avec une élégance

rare et une pureté toute classique ; il restera
avec l'estime publique, parce qu'il est pensé
avec une consciencieuse impartialité ; il restera
dans un rang distingué, parce qu'il abonde en
considérations d'une haute portée ; il restera
comme le précis historique le plus éloquent,
le plus philosophique qui ait été donné jusqu'à ce jour sur le héros des temps modernes.
Si son format, son prix et plus encore la no-
ble réserve de son auteur lui refusent un de
ces succès bruyants qui se tarifent à Paris
dans les offices de publicité, il devra à l'estime des lecteurs un triomphe plus lent, mais
plus durable. Il servira utilement les grands
intérêts auxquels l'auteur a voué avec une égale
chaleur ses premières et ses dernières années,
et couronnera dignement une carrière où il
sera compté comme un bon exemple et une
bonne action de plus.

www.ingramcontent.com/pod-product-compliance
Lightning Source LLC
Chambersburg PA
CBHW061129050726
47594CB00005B/2153